# BEI GRIN MACHT SICH IHR WISSEN BEZAHLT

**Bibliografische Information der Deutschen Nationalbibliothek:**

Die Deutsche Bibliothek verzeichnet diese Publikation in der Deutschen National-
bibliografie; detaillierte bibliografische Daten sind im Internet über http://dnb.d-
nb.de/ abrufbar.

**Impressum:**

Copyright © 2014 GRIN Verlag, Open Publishing GmbH
Druck und Bindung: Books on Demand GmbH, Norderstedt Germany
ISBN: 978-3-668-03467-9

**Dieses Buch bei GRIN:**

http://www.grin.com/de/e-book/305338/kontrastive-spracharbeit-deutsch-tuerkisch-
mit-deutsch-als-zweitsprache

Andreas Stegmann

# Kontrastive Spracharbeit Deutsch-Türkisch mit Deutsch als Zweitsprache

GRIN Verlag

**GRIN - Your knowledge has value**

Der GRIN Verlag publiziert seit 1998 wissenschaftliche Arbeiten von Studenten, Hochschullehrern und anderen Akademikern als eBook und gedrucktes Buch. Die Verlagswebsite www.grin.com ist die ideale Plattform zur Veröffentlichung von Hausarbeiten, Abschlussarbeiten, wissenschaftlichen Aufsätzen, Dissertationen und Fachbüchern.

**Besuchen Sie uns im Internet:**

http://www.grin.com/

http://www.facebook.com/grincom

http://www.twitter.com/grin_com

# Inhaltsverzeichnis

# Einleitung

Seit Beginn des 21. Jahrhunderts hat in der Comedy-und Medienlandschaft ein Phänomen stattgefunden, welches die Massen polarisiert. Diverse Künstler türkischer Herkunft haben damit begonnen, in einem verstümmelten, überspitzten Slang zu reden und damit ganze Fussballstadien zu füllen. In der Wissenschaft ist dieser Slang als Kiezdeutsch bekannt, in den Medien eher abwertend als Kanakendeutsch. Was diese Künstler jedoch mit vollem Bewusstsein praktizierten, ist für viele Jugendliche leider der tatsächliche Sprachgebrauch. Mehrheitlich steht man diesem Phänomen kritisch gegenüber und nur vereinzelt treten Stimmen aus der Forschung auf, welche diese Sprachvariation als Soziolekt oder normale Jugendsprache verteidigend in Schutz nehmen. Hinzukommend ist die Diskussion um die Defizite des deutschen Bildungssystems spätestens seit der PISA-Studie und anderen internationalen Vergleichsstudien allgegenwärtig und der dringende Handlungsbedarf scheint unausweichlicher denn je. Eine ausschlaggebende Determinante der Bildungsmisere ist die Mehrsprachigkeit innerhalb des Bildungssystems. Schaut man sich deutsche Schulen genauer an, so sind SchülerInnen nicht-deutscher Herkunft schon längst in das gewohnte Bild integriert. Eltern,Schüler und Lehrer scheinen sich damit glücklicherweise abgefunden zu haben. Lange ging man davon aus, das Integration ein automatischer Prozess sei, der sich von selbst vollziehe. Jedoch gehen mit dem Begriff Einwanderungsland auch einige Verbindlichkeiten und Aufgaben für eine Nation einher. Die Annahme, eine Gesellschaft sei in der Regel einsprachig, was auch unter dem Terminus monolingualer Habitus [Vgl. Gogolin, 1994, S.2] zu verstehen ist, ist nicht länger tragbar. Besonders im Bereich der Schule, welche als Begegnungsstätte und Form eines sozialen Raumes zu verstehen ist, hat die Pisa-Studie eklatante Mängel aufgedeckt und Fragen zur Ursachenforschung suggeriert, die nach dringenden Lösungsansätzen sucht. In der vorliegenden Arbeit, welche im Rahmen des Seminars *„Einsprachig, Zweisprachig, Mehrsprachig" im Modul 4 -„Sprache & Handeln"* entsteht, möchte ich die bildungstheoretische, aber vor allem auch linguistische Thematik der Mehrsprachigkeit untersuchen und ferner nach Ursachen der Problematik und Maßnahmen zur Auflösung der Zweiklassen-Gesellschaft innerhalb der Schule suchen. Schließlich muss auch Bürgern nicht-deutscher Herkunft eine moderate Chance auf Bildungserfolge geboten werden. Sprachbarrieren gilt es dabei zu überwinden, da sie eine gänzliche Integration unterbinden und beruflichem Erfolg entgegenstehen. Konkreter werde ich eine Möglichkeit des Umgangs mit diesem Problem anhand der türkischen Sprache thematisieren und verdeutlichen. Die Spracherwerbsforschung, welche sowohl der angewandten Linguistik, als auch der Psycholinguistik zuzuordnen ist, liefert eine Vielfalt von Fördermöglichkeiten und Konzepten, die bereits erfolgreich praktiziert werden. Viele davon sind auf diverse Sprachen anwendbar. Ob und in wieweit sich insbesondere die Sprachen Deutsch und Türkisch auf einen vergleichbaren Nenner bringen lassen, oder ob sich sogar Synergieeffekte zwischen den Grammatiken bilden lassen, wird die folgende Hausarbeit beantworten. Ein hinreichendes Erkenntnisinteresse sollte bezüglich dieser Thematik einem jeden Lehrer, sogar einem jedem Bundesbürger naheliegen, da einerseits durch eine bessere sprachliche Ausbildung, auch die Chancen für den Arbeitsmarkt steigen und zudem auch die deutsche Sprache vor einem Verfall bewahrt werden kann. Aus Sicht der Lehrer ist die Thematik so essentiell, weil ohne Sprache auch kein Wissen vermittelt werden kann. Deshalb besteht für alle Lehrpersonen, besonders aber für Sprachlehrer, ein großes Interesse daran, die Aufgabe der Vermittlung des Spracherwerbs, erfolgreich zu meistern.

# 1.0 Definitionen

## 1.1 Erstspracherwerb

Zunächst sollte man sich vor Augen führen, wie der Begriff Erstspracherwerb definiert ist. Als Erstspracherwerb bezeichnet man die Sprache, welche von Geburt an, oder sogar schon im Mutterleib, nach den Gesetzmäßigkeiten der Spracherwerbsfähigkeit erlernt wird. Ferner wird dafür auch die Bezeichnung L1 verwendet. Die Ausbildung und Festigung einer Kerngrammatik vollzieht sich bis zum Beginn der Grundschule oder bis Ende der ersten Klasse. Fortlaufend wird diese innerhalb der Schulzeit gefördert und entwickelt. Zur Verlaufskurve der Entwicklungsstadien bleibt zu sagen, dass die Kurve U-förmig, mit Rückschritten und Steigerungen in den Kompetenzbereichen verläuft. Eine langfristige Förderung der L1 kann sich sowohl durch das häufige Exerzieren, als auch durch das Erlernen des metasprachlichen Vokabulars, positiv auf den Erwerb einer Zweitsprache auswirken oder das Auslassen in negativer Weise. Denn *„wenn die Erstsprache nicht differenziert erworben wird, fehlt die Basis für einen angemessenen Erwerb der Zweitsprache. Damit wirken sich die Defizite in der Erstsprache kumulierend negativ auf den Erwerb des Deutschen aus.“*[Anstatt, 2007, S.17 ]. Stütze dieser These ist die unteilbare Sprachfähigkeit des Menschen, die auf wissenschaftlicher Ebene durch die Interdependenzhypothese repräsentiert wird. Häufig vernachlässigen Migranten ihre Minderheitensprache, um die prestigeträchtigere Sprache ihres neuen Umfeldes zu erlernen und sich mit einem neuen Personenkreis zu identifizieren. Der zugehörige Fachbegriff nennt sich substraktiver Bilingualismus und ist relativ umstritten. Es muss also ein Zwischenschritt, zwischen dieser Form der Entwurzelung und der zu befürwortenden Immersion gefunden werden. [Vgl. Cummins, Jim, 1982]

## 1.2 Zweitspracherwerb

Zweitspracherwerb hingegen impliziert den Erwerb einer zweiten Sprache, auch L2, der nicht zwingend simultan oder synchron mit dem Erwerb der Erstsprache geschieht. Sofern beide Sprachen zeitlich simultan erlernt werden, spricht man von einem doppelten Erstspracherwerb oder simultanen Erstspracherwerb. Je nach Alter, wird ab dem dritten oder vierten Lebensjahr, vom sukzessiven Zweitspracherwerb gesprochen. Liegt eine zeitliche Differenz zwischen den Erwerbszeitpunkten, sodass in der L1 Sprache bereits kerngrammatische Merkmale und Prinzipien erlernt wurden, so spricht man vom regulären Zweitspracherwerb. Im Unterschied zum Lernprozess der L1, weiß das Individuum hiervon etwas, praktiziert und initiiert diese Prozesse in Teilen freiwillig und gewollt.

Zuletzt bleibt noch die Form des schulischen Zweitspracherwerbs oder auch gesteuerter Zweitspracherwerb zu nennen, welcher sich durch den alleinigen Erwerb und Ausbau im Unterricht kennzeichnet. Die Komponente des gesteuerten Spracherwerbs wird überdies hinaus auch häufiger zur Unterscheidung zwischen DaF (Deutsch als Fremdsprache) und DaZ (Deutsch als Zweitsprache) verwendet, da der Schulunterricht immer auf einer mehr oder minder freiwilligen Basis stattfindet, zumindest im Vergleich zu einem Erwerb der mit Migrationsprozessen einhergeht. Der Kontext der Migration fordert auch häufiger die Verwendung des Begriffes Immersion, dessen Bedeutung sich am ehesten durch das Eintauchen in eine Sprachgemeinschaft bezeichnen lässt. Damit wird prinzipiell die *„Etablierung der neuen Sprachumgebung als Normalität“* [Henning, 2006, S.13] bezeichnet, welche den Spracherwerb nach einer Vorgehensweise wie beim Erwerb der Muttersprache suggeriert. Insgesamt sind alle Formen aus Perspektiven der ganzheitlichen Bildung, als auch unter Berücksichtigung der Globalisierung zu begrüßen und zu unterstützen. Über die genauen Interdependenzen und Wechselwirkungen gib es diverse Hypothesen, welche versuchen die Abläufe des Spracherwerbs zu objektivieren und daraus Regelhaftigkeiten abzuleiten. Gänzlich ist der Versuch nie gelungen, denn es gibt stetig neue Befunde, welche ältere Thesen relativieren. Da Sprache von sozialen Wesen in einem sozialen Raum genutzt wird, bestehen diverse, teils schwer zu messende Wirkungsgrößen wie beispielsweise der zeitliche Aufwand, der für den Erwerb aufgebracht wurde, oder die Grundintelligenz des Lernenden. Diese Faktoren können, bei allen Hypothesen nur ceteris paribus betrachtet werden, was der exakten Analyse jedoch nicht unbedingt zu Gute kommt. Einige der eben genannten Einflussgrößen sind von so enormer Wichtigkeit, dass sie eigentlich nicht unberücksichtigt sein dürften, es jedoch sind. Deshalb sind die Hypothesen bloß als Darstellung der sprachlichen Interdependenzen zu verstehen, nicht jedoch als Erklärungsansatz für den konkreten und gesamten Prozess des Spracherwerbs in der Realität.

## 1.3 Interdependenzhypothese

Die Schwellen oder Interdependezhypothese setzt sich aus drei verschiedenen Schwellen einer bilingualen Entwicklung eines Individuums zusammen. Die 1.Schwelle, auch Semilingualismus genannt, beschreibt eine niedrige Kompetenz in beiden Sprachen, L1 und L2. Die 2.Schwelle, auch dominante Zweisprachigkeit genannt, bezeichnet relativ hohe Kompetenzen in einer der beiden Sprachen, wobei hinschlich der Balance, üblicherweise ein Leistungs- und Kompetenzgefälle zu verzeichnen ist. Oftmals kommt es auch nur zu einem Erwerb der Schriftsprache in einer der beiden Sprachen, was auch durch den Terminus „bilingualisme du mot" beschrieben wird und sich von dem Begriff „bilingualisme du discours" [Laponce 1984, S.6] abgrenzt, welcher den schriftsprachlichen Erwerb impliziert. Die 3. Schwelle, bedeutet eine hohe Kompetenz in beiden Sprachen, also eine additive Zweisprachigkeit. Beim Übergang der zweiten zur dritten Schwelle, werden auch kognitive Effekte innerhalb des Individuums begünstigt, welche im weiteren Verlauf der Hausarbeit noch eingehender betrachtet werden.

Weiterhin unterscheidet Cummins die basale, sprachliche Fähigkeit, sich kulturell und alltäglich zu artikulieren (Basic Interpersonal Communicative Skills, kurz BICS) von der bildungssprachlichen, intellektuellen Sprachfähigkeit und Schriftfähigkeit (Cognitive Academic Language Profiency, kurz CALP), die vor allem im akademischen Anwendungsbereich verwendet wird. Ursprüngliche Annahmen, das CALP-Niveau sei in der L1 zwingende Vorraussetzung für den erfolgreichen Erwerb einer L2, sind nach dem derzeitigen Stand der Forschung nicht länger vertretbar. Dennoch wird sich häufig für für eine ausreichende Ausbildung der CALP-Fähigkeit in der L1 ausgesprochen, wobei nunmehr davon auszugehen ist, dass die Interdependenzhypothese nicht zwingend „nur konsekutiv, also zeitlich nacheinander, sondern auch koordiniert auszulegen" ist und die Entwicklung nahezu simultan verlaufen kann [Rösch, Heidi, 2011, S.26,]. Auch wenn sich diese Hypothese streng genommen eher mit zweisprachiger Sozialisation, als mit dem Zweitspracherwerb befasst, wird sie gerne im Kontext der Ausbildung von Sprachfähigkeiten (u.a. FörMig) verwendet, denn sich schafft einen Zusammenhang zwischen „*Problemen und Kompetenzen, und weiß um die Verbindung des Erwerbs beider Sprachen*", was sie hinsichtlich ihrer Validität als nutzvoll klassifiziert [ eben da, S. 27].

## 1.4 Interlanguagehypothese

Die Interlanguagehypothese bezeichnet den Zweitspracherwerb als einen „*kreativen, vom Lernenden gestalteten Aneignungsprozess*", welcher auch die Ausbildung von Lernsprachen beinhaltet. Konkreter meint dies, die Ausbildung eines „*grammatischen Systems, welchem Elemente der L1 und der Zielsprache L2 inhärent sind und Elemente, welche in keiner der beiden Sprachen auftreten*"[eben da, S.24]. Zielführend ist die Annahme, das anhand dieser Regelhaftigkeiten experimentiert wird und sich sukzessive Hypothesen und orthographische Prinzipien erschließen.

Anwendung finden die Prinzipien dieser Hypothese im integrativen Grammatikunterricht, welcher gemäß der abzuleitenden Axiome der Theorie, mit Regelhaftigkeiten experimentiert und die Kinder grammatikalische Besonderheiten ausarbeiten lässt. Als wichtige Konsequenz der Hypothese lässt sich definitiv festhalten, dass der Unterricht einen gesunden Abstand von der Defizitsichtweise halten muss, und logische Fehler, die aus der Interlanguage resultieren, gewürdigt werden. Dieses Verhalten wird unter dem Terminus Technicus „Differenziertes, am Lernenden orientiertes Vorgehen" verstanden. Im Hinblick auf die Hausarbeit ist der Begriff von Relevanz, da beim simultanen oder sukzessiven Spracherwerb auch von der Bildung einer potenziellen Interlanguage ausgegangen werden kann. Vor allem im Reißverschlussprinzip der koordinierten Alphabetisierung und bei manchen Analogien zwischen dem Deutschen und Türkischen besteht dazu die Möglichkeit.

## 2.0 Bildungstheoretische Legitimation der L1-Förderung

## 2.1 Zielvereinbarung nach Maßgabe didaktischer Aspekte

Grundsätzlich sind didaktische Entscheidungen temporär vor den methodischen Entscheidungen zu treffen. Das heißt konkreter, dass zuerst ein Ziel benannt wird und dann dessen Realisierung beschlossen wird. Dem zu Folge muss man sich für diesen Gebrauchskontext vergegenwärtigen, welche Ziele für Schüler mit Migrationshintergrund realisierbar und praktikabel sind. Für den Bereich der Mündlichkeit sollte die Phonologische Bewusstheit ein verbindliches Ziel für die Erwerbskompetenzen in der Interimsprache und in der L1-Sprache darstellen, zumal sie in einem positiven und interdependenten Verhältnis zu einem korrekten Schriftspracherwerb steht. Der Begriff impliziert die Isolation einzelner Laute und die Fähigkeit diese zu kombinieren und zu substituieren. Dafür wird eine gewisse Abstraktionsleistung erfordert, welche wiederum kognitive Vernetzungsmuster erzeugt, durch jene sich der Inhalt besser verinnerlichen lässt. Viele Indikatoren für das Vorhandensein der Phonologischen Bewusstheit, wie beispielsweise das Isolieren von Wörtern aus einem Satz, das Zerteilen in Silben und auch das Bilden von Reimen, werden oftmals in Form diverser Arbeitsblätter der kontrastiven Spracharbeit verwendet und geschult. Vielmehr als bloß das sprachliche Können, auch linguistic knowledge genannt, sollte der Erwerb eines metasprachlichen Vokabulars und Fachwissens, der language awareness, angestrebt werden. Des Weiteren sollte der Erwerb der syntaktischen Bewusstheit als Ziel angestrebt werden. Je nach Ansicht ist diese entweder eine Nachfolgeerscheinung oder ein Vorgänger der phonologischen Bewusstheit. Gleich welche These man vertritt, so sollte die Fähigkeit, Sätze in Phrasen und Wörter zu unterteilen und korrekte und inkorrekte grammatische Konstrukte von einander zu unterscheiden, definitiv erworben werden. Sie steht darüber hinaus in einem Verhältnis der Interdependenz zur Lesefähigkeit, was ihren Erwerb hinreichend legitimieren sollte. Folgt man dieser Chronologie weiter, so bleibt noch die semantische Bewusstheit zu nennen, welche exakter formuliert die Bewusstwerdung von Wortbedeutungen meint. Sicherlich eine Kompetenz, die in einer Sprachgemeinschaft auch als konkretes Ziel formuliert sein sollte. Besonders unter Anbetracht der Tatsache, das SuS mit türkischer L1 oftmals Eselsbrücken hinsichtlich ihres Vokabulars bilden, ist es wichtig, dass deren Verständnis von Arbitrarität ausgeprägt ist. Andernfalls dürfte das Übersetzten und die Suche nach dem deutschen Pendant nur schwer gelingen. Schlussendlich bleibt zu den Kompetenzbereichen nur noch die Ziele der Kultusminister Konferenz zu nennen, welche zwar auf die deutsche Sprache angewandt werden, jedoch auch durch einen gewissen Transfer auf die türkische Sprache übertragen werden können. Widmet man sich nun der Benennung der Methoden, um obige Ziele zu erfüllen, so gibt es sowohl für die Lesefähigkeit, als auch für den Schriftspracherwerb diverse Methoden, welche sich in den letzten Jahrhunderten entwickelt haben. Nennenswert sind hinsichtlich der Praktikabilität und Modernität jedoch nur wenige Methoden, die sich bewähren konnten, jedoch hier nicht weiter beschrieben werden, da die koordinierte Alphabetisierung, die Illustration der S-Schreibung und die Arbeitsblätter für den anfänglichen Schriftspracherwerb im Verlauf noch genauer skizziert werden und zudem repräsentativ für den Erwerb der    Lese - und Schreibfähigkeit stehen. Nichtsdestotrotz halte ich das Unterrichtskonzept nach Eisenberg, die Grammatik-Werkstatt für empfehlenswert, da diese viele induktive, als auch deduktive Komponente vereint und hinsichtlich ihrer Einprägsamkeit sicherlich einmalig wirkungsvoll ist, da viele grammatikalische Phänomene erst selbst von SuS erkannt und erarbeitet werden müssen.

## 2.2 Mehrsprachigkeit - Eine Notwendigkeit zur gelingenden Integration

In der Wissenschaft gibt es verschiedene Ansichten, die davon ausgehen, das Erlernen einer zweiten Sprache im Kindesalter, wirke sich negativ auf die Kompetenzen in einer der beiden Sprachen aus und keine der Beiden würde korrekt und vollständig erworben. Oftmals wird eine Form des Code Switchings befürchtet. Die critical-period Hypothese  beispielsweise geht bestärkend davon aus, dass der Erwerb einer zweiten Sprache ausschließlich bis zu einem gewissen Alter korrekt vollzogen werden kann. Zwischen den beiden Annahmen   muss also   ein zeitlich angemessener Konsens gefunden werden, der die kognitiven und sozialen Bedürfnisse der Kinder berücksichtigt. Man ging anfänglich davon aus, dass die Kinder durch Partizipation an Kommunikationsprozessen in Kindergarten und Schule, als Resultat von Submersionsbedingungen, die neue Sprache erlernen, während sie die Muttersprache verlernen. Doch kann das Verdrängen der Erstsprache für die Integration in die neue Sprachgemeinschaft, gemäß des Begriffes der Assimilation [Esser, 2006, S.43], unmöglich ein zwingender Bestandteil der Integration sein, da auch die kulturelle Identität der Herkunftsnation eine Daseinsberechtigung haben sollte. Eine multiple Inklusion, die sich durch *„eine Integration in die Aufnahmegesellschaft durch das Lernen der neuen Sprache auf der einen Seite und die Integration in die ethnische Gruppe durch die Aufrechterhaltung der alten Sprache auf der anderen Seite"* [Vgl.

eben da] konstituiert, sollte vielmehr angestrebt werden. Große Teile der Gesellschaft gehen von einer Überforderung der Kinder durch zu viele Sprachen aus. Entgegen dieser Annahmen, können Schüler von einer frühen Förderung in einer Zweitsprache, und einer fortlaufenden Förderung der L1, sei es Türkisch, Arabisch, Russisch, in verschiedener Weise profitieren. Es mag befremdlich klingen, dass Kinder in der Schule nun auch Türkischunterricht oder Russischunterricht offeriert bekommen. Dies sei ein zu starkes entgegenkommen und ein Einschnitt in das deutsche Schulsystem, so nur einige der vorlauten Ausrufe.

Was dabei jedoch nicht bedacht wird, ist die „bilaterale, untrennbare Sprachfähigkeit", die in gewisser Weise besagt, dass die L1 und L2 Sprache sich gegenseitig affektiv verhalten. [Vgl. Cummins, 1991 S. 18] Fachfremde gehen häufig davon aus, eine solche Förderung der Muttersprache, fördere ein Schattendasein oder würde die Integration mindern und die Bildung von Parallelgesellschaften fördern. Fakt ist jedoch, dass ein abruptes Unterbinden der L1, mit beginn des Besuches der Primarstufe, auch die Fortschritte im Deutschunterricht immens hemmt. Folglich sprechen mehrere Gründe für die weitere Förderung der L1 eines Schülers/Schülerin, gleich welche dies ist, denn „*jeder Spracherwerb, der sich nach der allerersten Phase vollzieht, ruht auf der Erfahrung der vorherigen Sprachaneignung auf und ist durch sie bestimmt. [...] Jede neue linguistische Information durchläuft gleichsam den Filter des mit den ersten Spracherfahrungen angesammelten Bestands an Informationen.*"[Gogolin, 2003, S.43] Völlig gleich welche Ideologie man vertritt, muss akzeptiert werden, dass Sprache der Schlüsselfaktor zu Integration ist und das sich diese nunmal am effizientesten erlernen lässt, wenn das Individuum nicht gänzlich von seiner Muttersprache isoliert und somit entwurzelt wird. Wenn kulturelle Vielfalt dabei eine positive Externalität für unsere Gesellschaft ist, so wird sicherlich niemand einen Schaden dadurch nehmen.

## 2.3 Kognitive Vorteile durch Mehrsprachigkeit

In der Psycholinguistik wurde die Vermutung vertreten, der frühzeitige Erwerb einer Zweitsprache in Kombination mit der kontinuierlichen Förderung der L1, könne dem Kind kognitive Vorteile verschaffen. Vorteile, welche nicht bloß beim Erwerben und Profilieren weiterer Sprachen nützlich sind, sondern das Individuum insgesamt positiv beeinflussen. Dies war nicht immer so, denn lange Zeit waren die Forschungsergebnisse dieser Forschungsdisziplin geprägt von politischen Paradigmen, „*that determined what the acceptable findings out to be*" [Cummins; Language, cognition and education of bilingual children, S.225]. Sinngemäß wurden die Ergebnisse also vorbestimmt und reguliert, sofern sie der aktuellen politischen Gesinnung widersprachen. Allerdings haben die letzten Dekaden der Spracherwerbsforschung viele verwertbare Ergebnisse geliefert. Bei dem Testverfahren durch Sortieraufgaben stellte sich beispielsweise heraus, dass mehrsprachige Kinder einen kognitiven Vorsprung [Bialystok, 1994 S.224,] aufweisen, weil sie mehr Aufmerksamkeit auf die Auswahl und Integration von relevanten Information verwenden, als einsprachige Kinder. Dies ist zurückzuführen auf die frühe Schulung und den häufigen Umgang mit selektiven Prozessen. Im Hinblick auf Urteile zur Grammatikalität zeigte sich zudem, dass Bilinguale Kinder einfacher und schneller Wortgrenzen abgrenzen können und zudem grammatische Regelmäßigkeit eher verstehen und verinnerlichen können. [eben da, S.223] Letztlich lies sich auch ein kognitiver Vorteil im Bereich des Leselernens [Yelland, Studie, S.2] bei bilingualen Kindern nachweisen, welche ihren monolingualen Kameraden einige Monate voraus sind, was weitestgehend durch die stärkere Fähigkeit zur Worterkennung gerechtfertigt sein dürfte und auch mit dem generellen kognitiven Vorsprung korrespondiert. Schlussendlich lassen sich aus kognitiver und entwicklungspsychologischer Perspektive bloß Vorteile für das Individuum durch Bilingualismus erkennen. Dennoch ist dies keine Selbstverständlichkeit, sondern ein schwieriger Prozess, der je nach L2 Sprache schwieriger oder einfacher ausfallen kann.

## 3.0 Spracherwerb als Fundament der Schriftsprache
## 3.1 Alphabetisierung in zwei Sprachen

Geht man davon aus, dass in der Regel zuerst die Kompetenz des Lesens erworben wird, bevor man mit dem Erwerb der Schriftsprache beginnen kann, so ist es von Vorteil, wenn der Schüler die Möglichkeit bekommt, beide Sprachen nach der gleichen *Leselehrmethode* zu erlernen. Speziell für die Kombination des Deutschen und des Türkischen, hat sich die *analytisch-synthetische Methode* *[Nehr, et al. 1988, S.12]* als wirkungsvoll erwiesen. Hauptsächlich spricht die Tatsache, dass diese Methode die verschiedenen Schriftsysteme der beiden Sprachen zu koordinieren vermag, für ihre Anwendung. Synthetisch meint in diesem Gebrauchskontext, das Lesen von der kleinsten zur größten Einheit hin zu erlernen. Konkreter wird also zunächst das Alphabet und seine Buchstaben erlernt, welche zu Silben zusammengesetzt werden, aus denen wiederum Wörter entstehen. Der Leseunterricht findet die ersten vier Wochen auf türkisch statt, um die ersten Ansätze eines metasprachlichen Vokabulars herauszubilden. Im Anschluss an diese Phase folgt der Deutsch-Leseunterricht ausschließlich mit den bereits erlernten Buchstaben und Lauten aus dem Türkischen. Dieser alternierende Prozess wird auch *Reißverschlussprinzip* genannt. Möglichkeiten zum Anknüpfen an eine Metasprache gibt es zu diesem Zeitpunkt tendenziell eher in der L1 Sprache als in der L2 Sprache. Auch im weiteren Lernprozess hält sich die Vorgehensweise an das Axiom, das grammatikalische Instruktionen wie die Einführung neuer Buchstaben und die exakte Lautbildung, im Türkischunterricht erfolgen. Dies bedeutet jedoch nicht, dass im Deutschunterricht nicht ebenfalls an dem Erwerb einer Metasprache gearbeitet wird. Vielmehr steht im DU jedoch das Einprägen der Buchstabenform und die Schulung der Schreibmotorik im Vordergrund. Generell bleibt für diese Vorgehensweise zu erwähnen, dass die Übungen auf einander abgestimmt werden müssen, um Redundanz und Langeweile zu unterbinden. Vielmehr sollen die Prozesse aufeinander aufbauen und wechselseitig verflochten sein. Um in den Kindern die höchstmögliche, intrinsische Motivation zu wecken, ist es außerdem ratsam Beispiele aus der Lebenswelt der Kinder zu entnehmen. Nachdem die Schüler nun mit einigen Gemeinsamkeiten der Buchstaben und Laute vertraut sind, gilt es die Besonderheiten zu betrachten.

### 3.2 Konkretes Problem - der Buchstabe S - Veranschaulichung

Wie in 3.2 bereits erwähnt, gibt es einige Buchstaben die Unterschiedlich anlauten und eine Divergenz in der Umsetzung der GPK-Regel zwischen den beiden Sprachen. Sie erfolgt im Türkischen mit außerordentlicher Konsequenz, im Deutschen hingegen werden nur 73% [Gasteiger-Klicpera, 2003 S. 10] der Sprache lautgetreu verschriftlicht.

Eine fehleranfällige Problematik bildet dabei die SCH-Schreibung im Anfangsrand, wie in dem Wort Schuhe. Primär gilt es hier für den Lernenden zu verstehen, dass das SCH ( ʃ ) durch einen Laut repräsentiert wird. Im Türkischen gibt es dafür den Buchstaben /ş/. Der Buchstabe S sorgt jedoch in vielerlei Hinsicht für Verwirrung im Spracherwerb für türkische Muttersprachler. Zurückzuführend ist dies auf die zweifache, lautliche Entsprechung des Buchstabens S, der zum Einen als stimmhaftes S, wie in Singen und zum Anderen durch das stimmlose, scharfe S, wie in bist dargestellt werden kann. Im Türkischen existiert jedoch bloß das stimmlose S. Als Pendant zu dem deutschen stimmhaften S, wird im Türkischen der Buchstabe Z verwendet. Ergo steht das zweilautliche Deutsche S , zwei türkischen Buchstaben gegenüber. Eine Tatsache, die selbst Erwachsenen Lernen merkwürdig anmuten mag, für Kinder jedoch sehr schwer zu akzeptieren und zu verinnerlichen ist. Als Konsequenz dessen, muss den Schülern eine sukzessive Erklärung und Erarbeitung dieser Problematik geboten werden. Zur Durchführung bieten sich in der Fachliteratur einige wirksame Verfahren, die ich bloß im Kern skizziere, jedoch mit anderen Beispielen umsetzen werde [Nehr, et al. 1988, S. 27]

### 3.2.1 - 1.Schritt: Erarbeitung der Gemeinsamkeit - das stimmlose S.

Die Kinder werden im TU mit einer Situation konfrontiert, die ihnen i.d.R Freude bereitet, mit der Thematik des Malens und der Farbenlehre. Die Lehrerin erzählt eine Geschichte aus der Perspektive des Mädchen Seda, welche gerade mit ihrem gelben Stift malt .

Dann wird der Satz: „Seda sari'yi sevior" geäußert. Der zu behandelnde Buchstabe tritt gleich dreimalig in Erscheinung. Wichtig ist dabei, dass den Kindern alle Wörter und Buchstaben, außer das S bekannt sind. Anhand einer Lauttafel, sind die Kinder nun dazu aufgefordert, die einzelnen Laute zu segmentieren und in einzelne Kästen an der Tafel zu heften, was sich positiv auf die phonologische Bewusstheit auswirkt und diese schult. Lediglich der Kasten für den Buchstaben S bleibt offen, da dieser nun thematisiert wird. Sukzessiv wird nun die exakte Lautbildung erläutert und vorgemacht. Dieser Prozess ist für den weiteren Verlauf der Alphabetisierung sehr wichtig, da das stimmlose S später vom stimmhaften,scharfen S, beziehungsweise dem türkischen Z abgegrenzt werden kann. Nach der Einführung des Buchstabens erfolgt nun das Praktizieren und Üben mit dem neu erworbenen Buchstaben in Form von Lauterkennung, Buchstabenkästchen und weiteren Sätzen mit hoher Vorkommnis des Lautes. Wichtig ist dabei die Einhaltung der Verwendung des stimmlosen S. Die SuS sollen zwar wissen, dass es noch andere Formen des S gibt, sich in dieser Phase der Festigung jedoch nicht weiter damit beschäftigen.

### 3.2.2 - 2.Schritt: Einführung des türkischen Z - Vergleich mit dem stimmhaften S

Nun erfolgt nach einer vergleichbaren Methodik die Einführung des Buchstaben Z im TU.
Im Klassenraum befindet sich ein deutsches und ein türkisches Alphabet, indem die Buchstaben, welche sich zwischen den Sprachen unterscheiden, gekennzeichnet werden. Das S wird demnach besonders hervorgehoben. Der Buchstabe wird durch den türkischen Satz: „Zeytinimiz zevala uğradi" eingeführt, in dem er drei mal auftritt. Übersetzt bedeutet dies „Unsere Oliven sind abgelaufen" und lässt sich thematisch in eine Unterrichtsstunde einordnen, in der die Kinder auf einem fiktiven Markt einkaufen müssen. Nachdem die Lautbildung und erste Festigung des türkischen Z abgeschlossen ist, wird der Buchstabe mit seinem deutschsprachigen Pendant, dem stimmhaften und scharfen S verglichen. Dafür eignet sich ein Spielvorschlag aus der Fachliteratur sehr gut, welcher den Kindern aufträgt, eine Gemüsesuppe zu kochen. Dort kommt es zu einer Häufung an Gemüsesorten, welche

mit S geschrieben werden. Vorangegangen war das Anfertigen eines Einkaufszettels welcher die Verwendung des stimmhaften S durch das Wort „Suppe", erstmals bewusst einführt. Aus didaktischer Perspektive besteht für diese Unterrichtsstunde(n) die Festigung und Bewusstheit um die Tatsache, dass das stimmhafte S, welches in beiden Sprachen gleich klingt, durch zwei verschiedene Buchstaben dargestellt wird.

### 3.2.3 - 3.Schritt: Gleicher Buchstabe - Unterschiedlicher Laut

In dieser Unterrichtsstunde steht die Gegenüberstellung des Buchstaben Z aus der Perspektive beider Sprachen im Vordergrund. Ein Zeltlager wird hier zum Anlass genommen, das deutsche Z erstmals zu thematisieren. Die Erarbeitung der Lautbildung und Festigung, sowie erste Anwendungen erfolgen erneut nach dem Schema in Schritt 1. Wichtig ist dabei, diese Prozesse im TU zu praktizieren, da die Lautbildung für türkischsprachige Kinder unglaublich komplex ist. Nun folgt das mehrfache lesen der Wörter mit Z alternierend in den jeweiligen Türkisch - und Deutschstunden. Die Lehrer achten dabei auf die korrekte Aussprache und verweisen jeweils auf die spezifischen Unterschiede. Abschließend sollte eine Kooperationsstunde stattfinden, welche von beiden Lehrerpersonen durchgeführt wird. Hier kann bewusst nochmals auf Gemeinsamkeiten und Unterschiede hingewiesen werden. Der Austausch der beiden Sprachlehrer sollte jedoch nicht bloß in dieser einen Unterrichtseinheit praktiziert werden, sondern kontinuierlich. Dies führt zum Einen zu der Identifikation der jeweiligen Sprache mit einem festen Fachlehrer als Sprachvorbild und zum Anderen dazu, dass der Lehrer mit der jeweiligen Expertise, Hilfestellungen zu fachinternen Problemen leisten kann. Zur Einübung empfiehlt sich besonders das Arbeitsblatt M2, Aufgabe Nr.6, in der die S-Schreibung komplett abgehandelt wird.

### 4.0 Linguistische Betrachtung der Erwerbssprachen

### 4.1 Vergleich der deutschen und türkischen Sprache

Die türkische Sprache lässt sich kontextuierend der ural-atlaischen Sprachgruppe zuordnen. Präziser gesagt zum westlichen, oghusischen Stamm der Turksprachen, welche sich sehr stark vom Deutschen, das vom Indogermanischen abstammt, unterscheidet. Mit zunehmendem Spracherwerb der L1 und L2 kann es zu Interferenzfehlern kommen, bei denen falsche Verknüpfungen zwischen den Sprachen erstellt werden. Besonders hohe Vorkommnisse dieser Fehler treten bei Sprachen auf, die sich nur sehr wenig ähneln, wie in diesem konkreten Fall. Die größte Gemeinsamkeit ist der beidseitige Gebrauch des lateinischen Alphabets. Der größte Unterschied zwischen dem Deutschen und dem Türkischen, besteht hingegen darin, dass das Türkische zu den agglutinierenden Sprachen („bitişkenlik", - Übersetzt) gehört [Konyalioglu, 2008, S.34]. Genauer gesagt, bedeutet dies, dass beispielsweise morphosyntaktische Merkmale wie der Kasus, Pronomen, Präpositionen oder auch manche Verben einfach angehängt oder angeklebt werden. Dieses Vorgehen wird auch in der Verneinung und im Gebrauch von Possessivpronomen angewendet. Als logische Konsequenz dessen, bestehen im Türkischen keine Hilfsverben wie „sein" oder „werden". Oftmals ist in diesem Gebrauchskontext auch von einer Suffixsprache die Rede. Im Deutschen hingegen werden der Kasus, Pronomen und Präpositionen flektiert. Eine weitere, verwirrungsstiftende Besonderheit ist der Unterschied das im Deutschen drei bestimmte Artikel bestehen, die den Genus markieren. Im Türkischen hingegen bestehen keine bestimmten Artikel, demzufolge auch kein Genus. Für den türkischsprachigen Schüler ist es deshalb umso verwirrender, dass das grammatikalische Geschlecht im Deutschen nicht zwingend mit dem biologischen Geschlecht übereinstimmt, wie in den Beispielen: „ das Weibchen, das Mädchen" denn obwohl hier von einer weiblichen Person die Rede ist, wird nicht der feminine Artikel „die" verwendet sondern der eher neutrale Artikel „das". Ohne weitere Differenzierung des Genus ist es also logisch, dass im Türkischen in der 3.Person Singular nur ein Personalpronomen existiert, welches „O" lautet. Als weitere Konsequenz dessen sind drei Possesivpronomen „sein,ihr,sein" ebenfalls überflüssig und werden in der türkischen Sprache alleinig durch das Possesivpronomen „onun" repräsentiert [Konyalioglu, 2008, S.36]. Weniger problematisch ist es für Kinder mit Türkisch als L1, sich an die vier Fälle des Deutschen, den Kasus zu gewöhnen, da die türkische Sprache mit dem Lokativ und Ablativ, sogar sechs grammatische Fälle besitzt. Auch das Phoneminventar der beiden Sprachen unterscheidet sich zwar nicht all zu stark, weißt jedoch einige Unterschiede auf. Das türkische Alphabet besitzt Buchstaben, die in der deutschen Sprache nicht vorhanden sind, z.B. /ç/ und /ş/, /ı/, /ç/. Umgekehrt gibt es im Deutschen beispielsweise die Buchstaben /ß/ und /ä/, /w/, /x/, /q/, welche das Türkische nicht kennt. Darüber hinaus kommt es auch in der Artikulation und Intonation mancher Laute zu Differenzen. Die Phoneme /h/,/y/ und /z/, erfahren in beiden Sprachen eine unterschiedliche Aussprache. Des Weiteren kommen im Deutschen insbesondere im Anfang und am Ende von Silben häufiger sogenannte Kluster vor. Der Begriff impliziert die Konsonantenhäufung wie in den Wörtern Sprache, Adler, Furcht. Eine Häufigkeit, welche in der türkischen Sprache kaum auftritt, sondern eher durch das Schema Konsonant/Vokal oder Konsonant/Vokal/Konsonant in vergleichbarer Umgebung auftritt. Die Phonetik des Türkischen weist zudem das Prinzip der Vokalharmonie auf („ses uyumu") [eben da, S.41]. Streng genommen bedeutet dies die Assimilation von mehreren Vokalen aneinander. Eine Veränderung kann indes bei der Artikulationsart oder im Artikulationsort auftreten. In der deutschen Sprache findet man dieses Vorgehen bei der Umlautbildung. Oftmals führt dies zu Fehlern in der Orthographie, welche jedoch auf einem bereits erlernten Prinzip beruhen, also nicht gänzlich als falsch zu beurteilen sind, beziehungsweise nicht zu streng bewertet werden sollten.

Folglich sprechen einige Gründe für eine frühzeitige Förderung der L2 Deutsch und einer fortwährenden,kontinuierlichen Förderung des Türkischen als L1, um potenziellen Interferenzfehlern vorzubeugen oder diese zu eliminieren. Wichtiger als das Ausbessern, ist es jedoch dafür Sorge zu tragen, dass sich die Fehler nicht etablieren und archivieren, denn langfristig könnte dies einem vollständigen Integrationsprozess entgegenstehen.

**4.2 Häufigste Fehlerquellen für Schüler mit türkischer L1 und deren Ursachen.**

Betrachtet man die beiden Sprachen etwas distanzierter, als in der vorangegangenen Analyse, so fällt auf, dass das Deutsche auf mindestens fünf grammatikalischen Prinzipien beruht, das Türkische jedoch lediglich auf einem. Diese Konstanz mag die türkische Sprache für Lernende einfacher gestalten und logischer wirken. Dennoch muss sich der Deutschlernende mit den grammatischen Prinzipien des Deutschen vertraut machen, um die Sprache mit ihren Besonderheiten und Abweichungen kennen zu lernen. Insgesamt ist das Türkische trotz seiner Konstanz als schwierigere Interimsprache zu betrachten, als beispielsweise Englisch oder Französisch. Kennt man die Prinzipien und weiß diese Anzuwenden, so sollten alle Fehlerquellen eliminiert sein, zumindest theoretisch.

Sicherlich lassen sich die Prinzipien für Schüler nur vereinfacht und reduziert darstellen. Nichtsdestotrotz werde ich im Folgenden die häufigsten Fehlerquellen nennen, die Ursache anhand der grammatikalischen Prinzipien nachweisen und zudem eine Anregung oder Übung suggerieren, mithilfe derer sich die Fehlerquelle beseitigen lassen sollten.

Die GPK-Regel, oder Graphem-Phonem-Korrespondenz-Regel [Linke et al. 2004, S. 55,] genannt, sorgt zwischen den Sprachen oftmals für Verwirrung. Konkreter bedeutet dies, dass jedem bedeutungsunterscheidenden Element auf der Schriftsprache, ein bedeutungsunterscheidendes Element der Lautsprache zugewiesen wird. Die deutsche Schriftsprache kann nach diesem Phonographischen/ Alphabetischen Prinzip [Linke et al. 2004, S.55] zu 73% lautgetreu verschriftlicht werden. Im Türkischen wird diese Vorgehensweise sogar wesentlich konsequenter praktiziert als im Deutschen, gilt seit der Rechtschreibreform 1928 sogar als einziges Prinzip der türkischen Orthographie.

Das heißt salopp ausgedrückt, im Türkischen wird geschrieben, wie gesprochen wird. Sicherlich keine schlechte Lösung, welche lediglich eine korrekte Artikulation voraussetzt. Eine zweifach gefährliche Fehlerquelle, welche im Zusammenhang mit dem phonographischen Prinzip einhergeht, ist die Sch-Schreibung, welche in 3.2 bereits genauer illustriert wurde. Der Laut als solcher muss zunächst für den Lernenden begriffen werden und seinem türkischen Pendant zugeordnet werden. Als nächster Transfer, muss eine Regelhaftigkeit erkannt werden, wann das phonographische Prinzip, welches eigentlich im Anfangsrand dominiert, vom konkurrierenden silbischen Prinzip abgelöst wird. Dies geschieht beispielsweise um Überlängen zu vermeiden. Eine weitere Komponente des silbischen Prinzips, welches sich stetig bemüht Schreibsilben konstant zu halten um das Lesen zu erleichtern, ist das Dehnungs-H oder silbenschließendes H. Die Namensgebung ist verwirrend, da es im eigentlichen Sinne nicht dehnt, sondern die Gespanntheit der Vokale anzeigt. Seine Vorkommnis tritt nur in der Umgebung vor l,m,n,r, auf und wird im türkischen funktional durch den Buchstaben /Ğ/ ersetzt, der die Gespanntheit des vorangegangenen Buchstabens indiziert. Der Buchstabe selbst ist stimmlos, dehnt jedoch wie im Deutschen den vorangegangenen Vokal. Um die Problematik des Dehnungs-H's zu beherrschen, wäre es ratsam ein Gefühl zum Erhören der Vokallänge zu entwickeln. Auch an dieser Stelle wird das Vorhandensein der phonographischen Bewusstheit, beziehungsweise deren Schulung relevant. Zwecks dessen wird eine Arbeitsblatt verwendet, bei dem die Schüler in verschiedenen Wörtern beider Sprachen die kurzen und langen Vokale kennzeichnen sollen. Eine Fertigkeit die ein Mindestmaß an Übungszeit und Ausdauer voraussetzt. Ein weiteres konstituierendes Element des silbischen Prinzips ist die Schreibung von Doppelkonsonanten, zur Markierung der Silbengelenke. Diese Segmente gehören eigentlich zu zwei Silben gleichzeitig. Das Türkische kennt dieses Phänomen gar nicht, jedoch ist die Adaption dieser Regelmäßigkeit nicht sonderlich schwierig, sofern man sich die Gestalt der Silbe vergegenwärtigen kann. Zudem muss das Dehnungs-H noch vom silbeninitialen-H abgegrenzt werden, welches auch dem silbischen Prinzip zugeordnet wird und beispielsweise zwischen einer betonten, offenen Silbe und einer unbetonten Silbe stehen kann, um Verwirrung im Leseprozess zu unterbinden. Die Funktionalität der beiden H-Formen ist dem türkischsprechenden Schüler nicht unbekannt, jedoch muss ihm die Gemeinsamkeit zu dem Buchstaben /Ğ/ erstmals verdeutlicht werden um diesen Transfer fortan leisten zu können. Ferner sollte auch darauf hingewiesen werden, dass das Dehnungs-H in allen, den Wortstamm erhaltenden Formen eines Wortes auftritt. Dieses Phänomen lässt sich am Besten durch das morphematische Prinzip [eben da, S.56] beschreiben, welches nach dem Paradigma arbeitet, den Stamm zu erhalten. In der türkischen Sprache findet keine Differenzierung zwischen /e/ und /ä/ statt, was darauf zurückzuführen ist, dass das /a/ keinen Vokal darstellt, folglich daraus auch kein Umlaut entstehen kann. Gemäß des morphematischen Prinzips ist der Umlaut im Deutschen in den meisten Fällen vorbestimmt (Ball-Bälle, Maus - Mäuse, Haus - Häuser,). Sofern sich der Lernende unsicher sein sollte, ist es ratsam den Singular oder den Stamm des Wortes zu bilden (Wände-Wand) um sich zu versichern wie es geschrieben wird. Allerdings kann dieser Ansatz in ganz wenigen Fällen auch zu einem falschen Ergebnis führen, wenn man beispielsweise das Wort Eltern auf alt zurückführt. Die Analogie ist zwar korrekt, jedoch wird die Schreibung auf Grund zu starker Eingriffe in das Schriftbild unterlassen. Die Einübung dieses Prinzips erfolgt in der Regel nach etwas Übung intuitiv, da Ausnahmen wie im Wort „Eltern" äußerst selten sind und deshalb als Irregularität relativ einprägsam sein sollten. Außerdem besteht die Möglichkeit Verstöße gegen das historische Prinzip zu begehen [Linke et al. 2004, S.56], welches gleichermaßen den geringsten Zweck und den schwierigsten Erklärungsansatz für Lernende birgt. Seinen Ursprung findet die IE-Schreibung im Mittelhochdeutschen, wo diese Buchstabenkombination noch als Diphthong ausgesprochen wurde. Der Lautwandel hat die Aussprache verändert und die Schreibung im eigentlichen Sinn überflüssig gemacht. Jedoch hat man dieses antiquierte Phänomen erhalten. Eine logische Erklärung gibt es für den Lernenden, gleich welcher Herkunftssprache er entstammt, nicht hinreichend. Allerdings kann man allen Lernenden gemäß des Analogieprinzips [eben da, S.56] beibringen, dass das gesprochene /i/ in 97% der Fälle mit /ie/ verschriftlicht wird. Abweichungen davon sollten sich durch häufiges Exerzieren und Einprägung beseitigen lassen. Das letzte orthographische Prinzip, dass zu Fehlern für türkischsprachige Schüler führt, ist das das grammatische Prinzip [eben da; S.57], welches größere Satzeinheiten, Interpunktion und ganze satzübergreifende Einheiten betrifft. In der Regel treten bloß bei der Groß-und Kleinschreibung Fehler auf, da im Türkischen nur Satzanfänge und Eigennamen groß geschrieben werden. Wer jedoch die moderne Wortartenlehre beherrscht und sich die Nominalisierung vergegenwärtigen kann, der wird sich mit dieser Besonderheit im Deutschen arrangieren können. Auf der Ebene der Syntax entstehen hingegen eher Probleme mit der Reihenfolge S-P-O, welche im deutschen für Hauptsätze konstituierend ist. Das Türkische orientiert sich jedoch eher an der Reihenfolge S-O-P, auch „özne-nesne-yüklem-sirasi" genannt ,die mit deutschen Nebensätzen zu vergleichen ist, welche jedoch in der türkischen Sprache nicht existieren. Statt dessen werden Nebensätze funktional durch Nebenaussagen, auch „yan önermesi" genannt, substituiert, welche attributiv der Hauptaussage vorangestellt werden [Konyalioglu,2008,S.56]. Grund dessen ist die vergleichsweise hohe Vorkommnis nominaler Verbformen in der türkischen Sprache, welche funktional sowohl als Subjekt oder Objekt verwendet werden können. Diese Verwendung geschieht jedoch wie in 4.1 erwähnt, in Form von Suffixen. Denkt man dieses grammatische Konstrukt weiter, so ist es plausibel, dass viele Konjunktionen, welche Nebensätze einleiten, für das Türkische völlig funktionslos und überflüssig sind. Statt dessen werden solche subordinierenden oder koordinierenden Konjunktionen durch Postpositionen dem jeweiligen Bezugswort nachgestellt. Die Satzstellung hat im Türkischen insgesamt eine untergeordnete Funktion, da sie nicht durch die gängigen Satztypen wie Aussagesatz, Fragesatz, HS, NS, affektiert wird. Unterschieden wird dort primär nach dem Kriterium einfacher oder erweiterter Satz. Eine Erweiterung zu letzterem erfolgt im Türkischen durch einfache

Aneinanderreihung, per Suffix ve (und/oder) , ama (aber) und se/sa. In Abhängigkeit zur Komplexität der Unterschiede zwischen den Sprachen, müssen auch die dafür vorgesehenen Übungsmaterialien und Förderkonzepte sein. Der Erwerbsprozess darf definitiv nicht alleinig dem Deutschunterricht aufgetragen werden, sondern sollte vielmehr als ganzheitliches Konzept verstanden werden.

## 4.3 Anforderungen an Förderkonzepte

Die Anforderungen und Vorraussetzungen an ein ausgeklügeltes und effektives Förderprogramm sind umfassend und sehr verschieden. So muss davon ausgegangen werden, dass die Sprachvarietät und Superdiversität die an deutschen Schulen anherrscht, sehr groß ist. Längst ist es keine Seltenheit mehr, das an einer Schule Kinder mit 15,20 oder sogar noch mehr sprachlichen Historien in der L1 beherbergt werden. Hier muss ein Spagat zwischen Gleichberechtigung und sowohl finanzieller als auch organisatorischer Realisierbarkeit geschlagen werden. Sicherlich kann nicht jede Form eines Ethnolekts oder alle Formen der Plurizentrik einer Sprache berücksichtigt werden. Ein wichtiger,zu berücksichtigender Faktor ist die vertikale Kooperation von aufeinanderfolgenden Bildungsinstitutionen. Dabei gilt es, die Förderinhalte des Elementar - und Primarbereichs aufeinander abzustimmen und wiederum beim Eintritt in die dreigliedrige Sekundarstufe 1 sinnvolle und adäquate Übergänge zu gestalten. Besonders an dieser essentiellen Schnittstelle für den Bildungsverlauf eines Schülers ist es essentiell, mit hoher Aufmerksamkeit und mit Bedacht zu handeln. Sprachliche Förderung bezieht sich im Schulalltag nicht bloß auf den Deutschunterricht oder auf Förderung in extra-curricularen Förderkursen, sondern auch auf den Fachunterricht eines jeden Faches. Dazu gehört u.a auch die Einführung des Terminus Technicus, Sprachsensibler Fachunterricht, nach Prof. Dr. Josef Leisen. Dieser Begriff impliziert die Sensibilisierung eines jeden Fachlehrers auf die Einführung und Einübung einer korrekten Fachsprache. Oftmals fehlt es den Schülern an der Kompetenz, fachliche Probleme oder Sachverhalte mit der fachbezogenen Terminologie zu verbalisieren. Jedoch ist dies kein explizites Problem der Schüler mit Migrationshintergrund, sondern ein generelles Problem. Weiterhin essentiell und unabdingbar ist die   frühzeitige und nachhaltige Förderung der L1, bestenfalls bis zum Ende der Schullaufbahn. Immersion, im Sinne der „Etablierung des neuen Sprachraums als Normalität" muss dabei ein wesentlicher Bestandteil bleiben. Überdies scheint die Unterscheidung zwischen diskriminierten und nicht-diskriminierten Bevölkerungsgruppen innerhalb der Migranten ein Wirkungsfaktor zu sein. So zeigte sich bei der Betrachtung kanadischer Kinder,welche zu der Gruppe nicht-diskriminierter Bevölkerung gehören, dass sie unter Immersionsbedingungen [ Lambert, W.E. & Tucker, G.R. The Bilingual Education of Children], beginnend in der Primarstufe, eine verhältnismäßig gleichgewichtige Mehrsprachigkeit erzielen konnten. Ausschlaggebend für diesen Faktor ist eine stabile, häusliche Förderung und der anerkannte soziale Status. [Nehr et al. 1988, S.5,] Da sich diese Hausarbeit auf die türkische Sprache bezieht, ist jedoch eher von der Gruppe der diskriminierten Bevölkerung zu sprechen. Außerdem ist der soziale Status in diesem Fall eine schwer zu beschreibende Determinante, da es sicherlich sozial anerkannte sowie nicht-anerkannte türkischstämmige Deutsche gibt. Schlimmstenfalls kann eine unzureichende Förderung zu einer Form des Semilingualismus/Halbsprachigkeit führen. Letztlich fehlt noch der Faktor der individuellen Lernleistung des Schülers. Die Sprachhistorie des jeweiligen Schülers muss unbedingt geklärt sein, bevor eine Beurteilung stattfindet. Besondere Brisanz weißt dabei das Türkische auf, da es in

Deutschland gerne mit dem Kurdischen gleichgesetzt wird. Diese Annahme ist jedoch falsch, denn das kurdische zählt nicht zu den Turksprachen und kann folglich auch nicht mit identischen Methoden und Arbeitsblättern unterrichtet werden [eben da, S.6]. Der in Istanbul anherrschende Dialekt gilt in der Türkei weitestgehend als Standard der Hochsprache und ist vergleichbar mit dem Hochdeutschen, wobei es fraglich ist, ob sich der Sprachförderunterricht oder Sprachunterricht insgesamt, am utopischen Leitbild des Native Speakers, dem Ideal im Hinblick auf die Artikulation und Lautbildung orientieren sollte, da in den wenigsten Fällen mehr so gesprochen wird. Genauso wenig halte ich den elaborierten und restringierten Code, welcher der Bernstein-Hypothese entstammt, länger für ein adäquates Parameter. Zwar sollte es weiterhin ein löbliches Ziel für jeden Bürger sein, seine Sprache kontinuierlich zu verbessern. Jedoch halte ich es falsch den elaborierten Code der Ober-Mittelschicht, weiterhin als sozialen Status zu nutzen und anders sprachige Individuen zu diskriminieren und zu stigmatisieren. Dies führt letztlich nur zur Isolation und Ghettorisierung. Abschließend bleibt zu sagen, dass die Förderprogramme langfristig und nachhaltig sein sollten und zudem bestenfalls im Anfangsunterricht von einem Muttersprachler unterrichtet werden sollte. Alternativ kann dies natürlich auch durch eine Person geschehen, die das Türkische oder die Zielsprache sicher und profund in ihren grammatischen Strukturen kennt. Bestenfalls wird der Unterricht simultan zum Deutschunterricht durchgeführt und bei gegebenen Anlässen eine Kooperation veranlasst. Der Austausch der jeweiligen Fachlehrer, als auch die Einbindung der Eltern, sollten zumindest bis zur Adoleszenz stetig fortgeführt werden. Selbstverständlich gelten auch alle Determinanten, welche lernförderlichen und qualitativ hochwertigen Unterricht generell ausmachen wie beispielsweise: Aufmerksamkeitssteuerung, kognitive Aktivierung und das Erzeugen intrinsicher und zielgerichteter Motivation zu den begünstigenden und förderlichen Einflussgrößen für den Sprachunterricht. Letztlich sind auch Unterrichtsformen wie CLIL (Content and Language Integrated Learning) sehr effektiv, denn sie vermögen es, sowohl fachliche als auch sprachliche Komponenten des Unterrichts lernwirksam zu verbinden. Dazu gibt es für die deutsch-französische Sprachgemeinschaft schon einige Versuchsexemplare, die das Vorgehen am Geschichte und Erdkundeunterricht praktizieren. Auch das Projekt Koala (Koordinierte Alphabetisierung im Anfangsrand), welches sowohl sprachliche als auch kulturelle Integration der Schüler anstrebt, ist ein vielversprechendes Projekt, welches sich um Ansätze außerhalb des Unterrichts bemüht und Spracharbeit mit Schülern nicht-deutscher L1 leistet.

## 5.0 Fazit

Ehrlich gesagt zähle ich mich persönlich zu den Menschen, denen es noch vor wenigen Jahren seltsam vorkam, Türkischunterricht in deutschen Schulen zu etablieren. Ohne den fachlichen Terminus dafür gekannt zu haben, ging ich lange Zeit davon aus, es könnten sich Formen des Code-Switchings in den deutschen Sprachgebrauch einbürgern. Vielmehr klangen mir die Thesen, dass die Möglichkeit in der Schule türkisch zu sprechen, wie ein bequemer Ausweg für SuS nicht-deutscher Herkunft aussehe, plausibel. Eine leider weitgehend verbreitete Meinung. Mittlerweile habe ich begriffen, dass eine Förderung der L1 nicht nur positiv für die kulturelle Vielfalt in einer Gesellschaft sein kann, sondern vielmehr essentiell für die erfolgreiche Integration ist. Dieses Vorgehen sollte vielmehr als gesamtgesellschaftliches Vorhaben akzeptiert und gefördert werden, denn ohne den richtigen Spracherwerb, besteht kaum eine Möglichkeit auf eine erfolgreiche Eingliederung in das

Erwerbsleben, was ebenfalls im Interesse der Gesamtbevölkerung liegen sollte. Angesichts der deutschen Asylpolitik, wäre es eine Schande und äußerst unverantwortlich, den Zweitspracherwerb allein den Individuen selbst zu überlassen. An dieser Stelle muss der Staat seiner Verantwortung nachkommen, und den Menschen, denen er einen Aufenthaltstitel erteilt, auch ein würdevolles Leben innerhalb der deutschen Lebensgemeinschaft und auch innerhalb der deutschen Sprachgemeinschaft ermöglichen. Sicherlich ist es kaum praktikabel, für die 20% der deutschen Bevölkerung mit Migrationshintergrund, eine angemessene Sprachförderung anzubieten, da es in vielen Sprachen oder Ethnolekten an Fachpersonal mangeln dürfte. Allerdings sollte in Zukunft wesentlich mehr Zeit für diese Thematik in den curricularen Standards der Lehrerausbildung eingeplant werden, um diese hinreichend für die Problematik zu sensibilisieren und zu schulen. Im Hinblick auf die allgemeine Akzeptanz der Förderung der L1 Sprache, sollte zukünftig öffentlichkeitswirksame Aufklärungsarbeit betrieben werden, um den gesellschaftlichen Profit aus diesem Vorgehen zu signalisieren und den Bürgen zu zeigen, dass ihre Sprache damit nicht in Gefahr gebracht wird, sondern vielmehr ihr Erhalt ermöglicht wird. Denen, die darin eine Gefahr für die deutsche Sprache sehen, rate ich sich vorzustellen, wie eben diese in 50 Jahren aussehen könnte, wenn man der Aufgabe der Sprachförderung bei Migranten nicht hinreichend nachkommt.

Abschließend möchte ich sagen, dass ich den Themenkomplex der Mehrsprachigkeit als ein sehr interessantes Thema von immenser Wichtigkeit kennen gelernt habe, dem meiner Meinung nach, momentan noch zu wenig Aufmerksamkeit geschenkt wird. Vielleicht wird man in einigen Jahren einsehen, dass dieser Fachbereich nicht bloß mit einem fakultativen Seminar angeboten werden sollte, sondern vielmehr zu einem festen Bestandteil der Lehrerausbildung für jegliche Schulform werden sollte. Zwar lassen sich die beiden Zielsprachen der Hausarbeit nur schwer vergleichen, da kaum nennenswerte Gemeinsamkeiten bestehen, jedoch wäre es deshalb falsch, das gelingende Lehren beider Sprachen im Einklang miteinander zu verwerfen. Mit einem ausgiebigen zeitlichen Rahmen, einer adäquaten, realistischen und didaktischen Zielsetzung und daran gekoppelten methodischen Konzepten, lassen sich beide Sprachen effektiv von einander abgrenzen wo es nötig ist und vergleichen, wo es hilfreich sein kann. Sofern die Fachlehrer über das prozedurale und deklarative Wissen der Germanistik verfügen und innovativ sind, was die Unterrichtsgestaltung angeht, so bin ich davon überzeugt, dass sich für viele Herkunftssprachen individuelle Förderprogramme entwickeln lassen und Deutschland seiner Beteiligung am Migrationsprozess verantwortungsvoll nachkommen kann. Die anfänglich gestellte Frage, ob sich zwischen den beiden Sprachen Synergieeffekte ergeben können, lässt sich mit Ja beantworten. Im Hinblick auf die Komplexität der Grammatiken überwiegt zwar die deutsche Sprache, wobei es auch einzelgrammatische Bereiche wie den Gebrauch des Kasus gibt, in denen türkischstämmige SuS von ihrer L1 profitieren können. Außerdem sehe ich in der kompetenten Schulung beider Sprachen auch eine Chance für den Erhalt beider Sprachen, sodass eine Koexistenz in Deutschland wieder möglich und tatsächlich praktikabel werden könnte. Sollte der L1 Erwerb und seine Förderung weiterhin den Menschen selbst überlassen bleiben, beraubt man die Sprache ihres Ursprungs und verhindert dass sie richtig verbreitet und gelernt wird. Für das Türkische bestünde darin der Vorteil, die Sprache korrekt zu beherrschen, und nicht die teilweise verstümmelten Fragmente zu lernen, welche sich aus drei Generationen umgesteuertem L1-Erwerb ergeben haben, diese schlimmstenfalls sogar von Generation zu Generation weitergereicht werden. Dies würde eine sprachliche Reinheit fördern, wie sie einst in den 1930er Jahren durch die Türkisierung vorgenommen wurde, bei der die Sprache von Arabismen und Farsismen gereinigt wurde. Heute könnte man die türkische Sprache von Germanismen befreien. Wächst die semantische Bewusstheit bei den Lernenden in beiden Sprachen ähnlich komplex, so ist allerdings davon auszugehen, dass sich viele Lehnwörter im türkischen, die aus Mangel von Innovation und Kreativität genutzt wurden, mit der Zeit selbst eliminieren. Zwar ist eigentlich nichts gegen die Verwendung von Germanismen einzuwenden, jedoch könnte die türkische Sprache durch die Reinheit wachsen und wandeln.

# 6.0 Literaturverzeichnis:

**Anstatt, Tanja** (Hrsg.): Mehrsprachigkeit bei Kindern und Erwachsenen. Erwerb, Formen, Förderung. Tübingen: Attempto 2007,

**Bialystok, Ellen,:** Language processing in bilingual children, Cambridge University Press, 1994, insbesondere: **Bialystok, Ellen; Cummins, Jim;** Language, cognition, and education of bilingual children, S. 222-233,

**Colliander, Peter,:** Linguistik im DaF-Unterricht, Cross Cultural Communication, Peter Lang GmbH, Frankfurt am Main, 2001,

**Esser,Hartmut** in: Sprache und Integration, Die sozialen Bedingungen und Folgen des Spracherwerbs von Migranten, Campus Verlag, 1.Auflage, 2006,

**Gogolin, Ingrid** in: „Sprachenvielfalt durch Zuwanderung - ein verschenkter Reichtum in der (Arbeits)-Welt ?", im Rahmen ihres Vortrags : Förderung von MigrantInnen in der beruflichen Bildung durch sprachbezogene Angebote" Good Practice Center Workshop am 24./25. September 2001 in Bonn, vorliegend als PDF-Dokument,

**G.W. Yelland; J.Pollard; A. Mercuri;**:The metalinguistic benefits of limited contact with a second language, Monash University - Auszug aus einer englischsprachigen Universitätsstudie, verfasst an der Monash University in Australien.

**Kämper-van der Boogaart, Michael,**:Deutschunterricht nach der PISA-Studie, Peter Lang GmbH, Frankfurt am Main, 2004,

**Klicpera, Schabmann, Gasteiger- Klicper.**: Legasthenie. Modelle, Diagnosen, Therapie und Förderung, Ernst Reinhardt Verlag, München, 2003

**Konyalioglu-Busch, Zerrin,**: Deutsch als Zweitsprache, Türkische Schüler systematisch fördern, Persen Verlag GmbH,1.Auflage, 2008

**Laponce, Jean A.** : Language and their territory, 1984, Univeristy of Toronto,

**Linke, Annika; Nussbaumer, Markus; Portmann,Paul R.**: Studienbuch Linguistik, Max Niemeyer Verlag, Tübingen, 2004, 5., erweiterte Auflage,

**Maas, Uta,** Grundzüge der deutschen Orthographie, Max Niemeyer Verlag, Tübingen, Reihe Germanistische Linguistik, 1992

**Nehr, M.; Birnkott-Rixius, K.; Kubat L.;Masuch S.**: In zwei Sprachen lesen lernen - geht denn das ? - Erfahrungsbericht über die zweisprachige koordinierte Alphabetisierung, Beltz Verlag, Weinheim und Basel, 1988,

**Rösch, Heidi,** Deutsch als Zweit-und Fremdsprache, Akademie Verlag GmbH, Berlin, 2011,

**Witzel, Ilse:** Kontrastive Spracharbeit Türkisch-Deutsch, eine Handreichung für KursleiterInnen für Türkisch als Fremd- bzw. Zweitsprache,

**Wode, Henning**: Mehrsprachigkeit durch immersive KiTas, Universität Kiel, 2006, Walhalla Fachverlag Berlin, insbesondere ein Beitrag aus: „Zukunfts-Handbuch Kindertageseinrichtungen: Qualitätsmanagement für Träger, Leitung, Team".S. 11-14

# 7.0 Anhang

## 7.1 Material M1 - Arbeitsblatt zur Illustration des Reißverschlussprinzips [1]

**1.) Reißverschlussprinzip zur koordinierten Alphabetisierung**

| Türkisch | Erworbener Buchstabe | Deutsch |
|---|---|---|
| Ayla (Weibl. Name) | /A/, /Y/, /L/ | - |
| Abi (Bruder) Abim (Mein Bruder) | /B/,/M/,/I/ | Mama, Mila, |
| Baba (Vater/Papa) | Einübung bisheriger Laute. | |
| Pilot (=Deutsch) | /P/, /O/, /T/ | Papa, Pilot, |
| Baba Mila'y övüyor / övmek (inf.) | | Papa lobt Mila |
| Ayla Mila'yla baya yapiyor | /R/ | Ayla malt mit Mila |
| | | |
| | | |

**2.) Anmerkung zur Durchführung**

Die Satzstellung oder auch die Auffälligkeiten der *Suffixsprache* sollen zu diesem Zeitpunkt nicht weiter thematisiert werden. Vielmehr dienen diese einfachen türkischen und deutschen Wörter der Demonstration, wie sukzessive Buchstaben erarbeitet und in die andere Sprache überführt werden.

Was in diesem Arbeitsblatt wie ein zusammenstehender Prozess wirken mag, ist in der Realität auf mehrere Deutsch-und Türkischstunden zu verteilen, da die genaue Lautbildung aufwändig und präzise eingeübt und begleitet werden muss. Auch bei der Einführung der vermeintlich ähnlichen, unproblematischen Buchstaben kann es ratsam sein, eine Kooperationsstunde zu halten.

Die Beispiele erheben im Übrigen keinen Anspruch auf besondere Tauglichkeit. Jeder Lehrer kann sich in Kooperation mit dem Fremdsprachenlehrer individuelle Beispiele ausdenken, die auf die Lebenswelt der Kinder zugeschnitten sind. Jedoch sollte wie auch oben beachtet, die direkte Einführung der sogenannten Problembuchstaben ( Bsp. /S/,/ß/,/W/,/V/,/F/, uvm.) vermieden werden. Sollten diese zufällig, wie in einem Infinitiv „övmek", zu Deutsch „loben" auftreten, obliegt es dem Lehrer, diese zu übergehen und auf einen späteren Zeitpunkt zu vertagen.

---

[1] Konzeptionell orientiert sich das Reißverschlussprinzip an: Konyalioglu, Busch, 2008,. Die Wörter wurden jedoch ausgetauscht und hinsichtlich der koordinierten Alphabetisierung neu arrangiert/gewählt.

## 7.2 Material M2 - Arbeitsblätter zur kontrastiven Spracharbeit [2]

**Aufgabe Nr.1 - Das unbetonte e, und seine Facetten.**
Aufgabe ist es, die fehlenden Wortendungen richtig einzusetzen.

| Deutsch; /-en/,/-er/,/-el/,/-em/,/-en/ | Türkische Übersetzung |
|---|---|
| Wir les___. | Biz okuyoruz. |
| Die Kind__ werden auch imm__ läng__ | Çocuklar hep dahada uzuyor. |
| Die Kelln__ wäscht die Tischd__cken. | Garcon masa örtüleri siliyor. |
| Die Kelln__ war auß__ At__ | Garcon nefes nefere kalmişti. |
| Dies__ Tell__ passt zur Tischdeck_ | Bu tabak masa örtüsüne uyuyor. |

**Merke:** *Das /e/ ist bei den Endungen /-en/ und /-er/ nicht betont. Die Aussprache ist identisch* mit der des türkischen Buchstaben /I/.

**Aufgabe Nr.2 - Gewähr oder Gewehr ? (Hinweis für Lehrperson: Morphematisches Prinzip, Umlaut oftmals determiniert)**
a)  Setze die fehlenden /-ä/ oder /-e/ Laute korrekt in die Lücken ein. Das türkische Beispiel soll bloß als Hilfe für die *semantische Entsprechung* dienen und ist vorgegeben.
b)  Finde die Wortfamilie/Einzahl/Stamm und trage diese in die Spalte auf der rechten Seite.
c)  Suche nach einer Regel, welche dir die Unterscheidung erleichtert.

a)+b)

| Ä oder E | Türkische Entsprechung | Wortfamilie, Wortstamm, Singular |
|---|---|---|
| Ras__n m__hen | Çimen biçmek | |
| Die Nachbarl__nder | Komşu ülkeler | |
| Die Mannschaft braucht neue B__lle zum spielen. | Takima oynamak için yeni toplar lazim. | |
| W__lche B__lle ? | hangi toplar ? | |
| Die K__lte | Soğukluk | |
| Der Wasserz__hler | Su Sayaci | |

**c) Hinweis für den Lehrer:** An dieser Stelle kann von den Schülern keine Benennung des *morphematischen Prinzips* hinsichtlich der Vorbestimmung des Umlautes, oder die Nennung der Fachtermini: Singular, Plural, erwartet werden. Ferner sollte die Erkenntnis, dass die Bildung des Plural/Singular helfen kann, den richtigen Buchstaben zu wählen.

---

[2] Konzeptionell sind die Aufgaben teilweise angelehnt an Vorschläge aus: Witzle et al. 1990; und Konyalioglu-Busch, 2008,. Inhaltlich sind sie jedoch i.d.R mit eigenen Beispielen gestaltet.

**Material M2 -Arbeitsblätter zur kontrastiven Spracharbeit**

**Aufgabe Nr. 3**
a) Unterstreiche die falsche Verwendung von /ä/ und /e/. Vorsicht ! In manchen Sätzen sind bis zu vier Fehler enthalten.
b) Schreibe den Satz in korrekter Form erneut.

**a)**
(1) Der Jeger hat ein Gewähr.
(2) Die Lottozahlen sind ohne Gewehr.
(3) Der Holzfeller fällt mit mehreren Exten.
(4) Klebrige Letzchen kleben an den Ketzchen.
(5) Im Supermarkt kauft er Kese.
(6) Der Tierschutz ist gegen den Gebraucht von Fellen.
(7) In der Deutschen Sprache gibt es vier Felle. Die türkische Sprache enthelt sogar sechs Fälle.

**Aufgabe Nr. 4 Zur Unterscheidung von /eu/ und /äu/ - Diphthong/Zwielaut.**

**Vorwort:** Die Diphthonge /eu/ und /äu/ sind im türkischen nicht vorhanden. Dennoch gibt es ein lautliches Pendant /oy/. Lautlich wird zwischen /eu/ und /au/ nicht unterschieden, weshalb hier erneut das grammatische Wissen um die Vorbestimmung des Umlautes zurückgegriffen werden.

a) Übersetze die deutschen Wörter ins Türkische. (Hinweis: Beispiele sind so gewählt das die Artikulation des /oy/ geschult und sensibilisiert wird.) Der Artikel besteht im Türkischen nicht und entfällt folglich bei der Übersetzung.

| Deutsch ( soll übersetzt werden) | Türkisch ( in diesem Exemplar nur für Lehrperson angegeben) |
|---|---|
| der Raub | soygun |
| die Bucht | koy |
| der Schauspieler | oyuncu |
| das Spielzeug | oyuncak |
| das Spiel | oyun |
| tanzen | oynamak |
| legen | koymak |
| die Größe | boy |
| die Familie | soy |
| der Hof | toynak |
| ein Name / Name der Familie | soyadi |

**Aufgabe Nr. 5 Der bestimmte und unbestimmte Artikel**
**Hinweis:** Die türkische Sprache kennt keine bestimmten oder unbestimmten Artikel, also folglich auch kein Genus. Der Lernende hat hiermit eine Neuheit, die diverse potenzielle Fehlerquellen beherbergt. Vor allem gilt es zu begreifen, dass sich das biologische und grammatische Geschlecht nicht immer entsprechen.

a) **Ergänze die Leerstellen mit den angegebenen Endungen. Das Wörterbuch ist als Hilfsmittel erlaubt.**

| der/die/das | Wort + Endung (/-heit/,/-keit/, /-schaft/, /-ung/,) | Türkische Übersetzung |
|---|---|---|
| | Einsam___ | yalnizlik |
| | Wirt___ | ekonomi |
| | Bruder___ | kardeslik |
| | Müdig___ | yorgunluk |
| | Mündig___ | erginlik |
| | Faul___ | tembellik |
| | Freund___ | arkadeslik |
| | Gesund___ | saglik |
| | Schul___ | okul /ögretim |
| | Versicher___ | sigorta |
| | Verunreinig___ | kirlilik |

**Anmerkung:** Dem Lehrer sollte an dieser Übung auch eine Auffälligkeit hinsichtlich der Endungen türkischer Nomen auffallen. Je nach Leistungsstand der Klasse, kann diese Besonderheit an dieser Stelle bereits thematisiert werden. Wenngleich es um den Gebrauch der Artikel geht, ist eine grammatische Erkenntnis, welche gerade anschaulich dargelegt wurde, nicht zwingend deplatziert.

b) **Notiere eine Auffälligkeit, die jedes mal <u>nach</u> einem Artikel auftritt. Streiche dir die betroffenen Stellen im Text an.**

c) **Setze den passenden, bestimmten Artikel in die Lücken ein.**

___ Junge/oglum und ___ Nachbarin/komsu gehen in den Keller um dort nach einem Ball zu suchen. ___ Ball/top ist wie verschwunden und schlussendlich suchen ___ Kinder/cocuklar in ___ der hintersten Ecke/köse des Hauses. Unter den Umzugskartons und dem Weihnachtsschmuck taucht plötzlich ein Sack auf. „Was ist ___ ?" fragt ___ Mädchen/kiz.

„ ___ ist die Schutzhülle für einen Ball". „Weshalb braucht ___ Ball so etwas?", entgegnet ihm seine Nachbarin. „Dort sind Autogramme von berühmten Spielern drauf", antwortet ___ Junge stolz. Sein Vater hatte ihm ___ Geschenk/hediye gemacht. ___ Beiden entschließen sich dazu, lieber mit einem anderen Gegenstand zu spielen. „ ___ Tennisball/ dort hinten reicht doch zum Spielen", sagt die Nachbarin. Anschließend verlassen sie den Keller und beginnen auf ___ Straße/yol zu spielen. Glücklicherweise geht es den Kindern eher um ___ Vergnügen/zev, als um ___ Spielzeug/oyuncak an sich.

**Aufgabe Nr. 6 Die dritte Person Singular und ihre Personalpronomen**

**Merke:** Dadurch das es in der türkischen Sprache keinen Genus gibt, entfallen auch in der dritten Person Singular zwei Personalpronomen, und als fernere Konsequenz zwei Possesivpronomen.

**Aufgabe a)** Teilt die Klasse in zwei Gruppen A und B und beginnt mit der Beschreibung einer Person aus dem gegnerischen Team. Die Person, welche beschreibt, äußert Sätze mit dem Anfang : „Sie hat Eigenschaft XY". Die Frage aus Team B wird mit der Phrase: „ Hat er Eigenschaft xy" begonnen. Als positiver Nebeneffekt, lässt sich hier dran die Unterscheidung zwischen dem Personalpronomen 3.Pers. Plural Sie und der Höflichkeitsform „Sie" illustrieren. Das Frage-Antwort Spiel wird bis zur Auflösung fortgeführt und dann gewechselt, sodass die Endungen aus beiden Perspektiven gebildet werden müssen. Jede frage, bei der die Kongruenz zwischen Verb und Personalpronomen korrekt ist, zählt mit einem Punkt für das Team.

**Aufgabe b) Formuliert einfache Sätze mit dem Personalpronomen Du und den angegebenen Adjektiven. Anschließend formuliert ihr jeden dieser Sätze mit dem Personalpronomen Sie.**

**Beispielsätze:**

**(1)** Du bist krank/hasta. (1.1) Sie sind krank/hasta.

**(2)** Du bist sehr höflich/kibar. (2.1) Sie sind sehr höflich/kibar.

**(3)** Du wirkst sehr sympathisch/sempatik. (3.1) Sie wirken sehr sympathisch.

**Aufgabe c) Versuche mit deinem Nachbarn eine Regel festzustellen, wann die Höflichkeitsform /Sie/ benutzt wird.**

# BEI GRIN MACHT SICH IHR WISSEN BEZAHLT

- Wir veröffentlichen Ihre Hausarbeit,
  Bachelor- und Masterarbeit

- Ihr eigenes eBook und Buch -
  weltweit in allen wichtigen Shops

- Verdienen Sie an jedem Verkauf

## Jetzt bei www.GRIN.com hochladen und kostenlos publizieren